AF497845

PANEGYRIQUE FUNE'BRE

DE MESSIRE

POMPONE DE BELLIEVRE,

PREMIER PRESIDENT

AU PARLEMENT

Prononcé à l'Hoſtel-Dieu de Paris le 17. Avril 1657. au Service ſolemnel fait par l'ordre de Meſsieurs les Adminiſtrateurs.

Par le Reverend Pere LALEMANT, Chancelier de Sainte Geneviéve, & de l'Univerſité de Paris.

TROISIÉME EDITION.

A PARIS,

Chez Sebastien Mabre-Cramoisy, Imprimeur du Roy, ruë S. Jacques, aux Cicognes.

—————

M. DC. LXXI.

Avec Privilége de Sa Majeſté.

PANEGYRIQUE FUNÉBRE

DE MESSIRE

POMPONE DE BELLIE'VRE,

PREMIER PRE'SIDENT

AU PARLEMENT.

Prononcé le 17. Avril 1657. à l'Hostel-Dieu de Paris.

Gloria & divitiæ in domo ejus, & justitia ejus manet in sæculum sæculi.

La gloire & les richesses ont esté dans sa maison, & sa justice demeure dans tous les siécles. C'est au Ps. III.

AQUOY m'obligez-vous, MESSIEURS, & à quelle fin me faites-vous paroistre au milieu de cette Pompe Funébre, qui remplit d'vn nouveau sujet de deuïl & de tristesse ce lieu déja consacré aux plaintes & à la douleur ? Me faites-vous donc venir ici pour pleurer devant cette grande Assemblée, ou pour me consoler avec vous ; ou bien enfin pour louër ce grand Homme, dont je n'oserois seulement prononcer l'auguste & l'aimable Nom, de crainte d'augmenter encore vostre douleur, & de me mettre moi-mesme en desordre dés le commencement de ce discours ?

Helas, si c'est pour pleurer, que ne me laissiez-vous plûtost dans ma solitude, où je pouvois mieux jouïr de ce triste plaisir ! Que ne me laissiez-vous sur cette sainte & miraculeuse Montagne, où je mêlois mes larmes & mes priéres avec celles de tant de bons Citoiens, qui y sont venus en foule faire des vœux pour la santé de son corps, & qui en viennent faire tous les jours pour le repos de son ame ?

Que si c'est pour nous confo-
ler enfemble de cette perte commune ; hé d'où voulez - vous,
Messieurs, que j'en tire les
motifs, pendant que je voi de
tous coftez, que le temps, qui a
couftume d'adoucir les plus fen-
fibles douleurs, ne fert qu'à irri-
ter davantage celle - ci ; & que
ce n'eft pas feulement dans les
ruës & dans les places publiques
où tout le monde le pleure, *Via* Thren. 1.
Sion lugent, comme dit vn Prophete , mais auffi dans les cabi-
nets des perfonnes de la plus haute condition, dans les affemblées
des plus fages, & dans toutes les
Compagnies Souveraines ?

Il faut pourtant avouër que
nous n'avons point de plus grande preuve de cette affliction genérale, que la douleur particuliére , que tous les Pauvres, &
ces faintes & genereufes Filles,
qui ont confacré leur vie & leur
fanté pour celle de tous les mi-
férables , ont fait paroiftre à la

A ij

nouvelle d'vne perte si extraor-
dinaire. Vous sçavez, Messieurs,
la dureté de la pluspart des pauvres. Ils déviennent, ce semble,
incapables de compassion, dés
qu'ils en sont devenus les objets;
& ils perdent tous les sentimens
de misericorde, à mesure que
leur misere augmente : ils se ré-
jouïssent mesme à la mort des
riches, qui leur est ordinairement
précieuse & vtile; ils la confide-
rent comme vne source de vie
pour eux, comme vne espece de
succession, & bien souvent comme vne occasion favorable de dé-
bauches. Mais quoi qu'ils aient
beaucoup profité de la mort de
celui dont nous parlons aujour-
d'hui, & qu'il leur ait donné en
mourant des marques tres - con-
siderables & tres-effectives de la
tendresse toute paternelle & toute Chrétienne qu'il avoit toûjours euë pour eux ; ils ne peuvent pas néanmoins y penser,
sans ressentir vn redoublement de

peine & de mifere. Et pour ce qui eſt de ces ſaintes Filles, qui les ſervent dans ce grand & fameux Hoſpital ; qui ne croiroit, que la familiarité qu'elles ont contractée depuis ſi long - temps avec la mort & la douleur, ne les rendiſt inſenſibles à cette perte ? Et qui pourroit s'imaginer, ſi nous n'en avions eû des témoignages publics, que celles qui ſont accoûtumées au chant lugubre des funérailles, aux cris & aux gemiſſemens des perſonnes mourantes, n'aient pû entendre la maladie, & la mort de ce grand Homme, ſans en eſtre touchées tres - ſenſiblement, & ſans répandre des larmes ? Comment donc, MESSIEURS, pourrois-je entreprendre de vous conſoler d'vne douleur ſi grande & ſi genérale?

Enfin, ſi c'eſt pour loüer cét illuſtre Mort que vous me faites monter en cette chaire, je vous avoüe, que s'il ſuffiſoit pour le faire excellemment, d'avoir vne

tres - vive douleur de fa mort,
vne veneration tres - profonde
pour fes vertus & pour fa memoire, & vne reconnoiffance tres-
pure & tres - fincere pour toutes
les graces publiques & particuliéres que j'ai receuës de lui,
auffi bien que vous & toute la
France ; il y auroit peu de perfonnes qui peuffent s'aquiter
plus fidelement de ce trifte devoir. Mais j'ai fi peu de ces autres avantages rares & illuftres,
qui font les hommes éloquens,
que je dois tout craindre en cette entreprife ; moi qui ne fais
point profeffion de cét art pom-
peux & magnifique, & qui en
ignore les beautez & les délica-
teffes. Ce qui me confole, Messieurs eft que comme voftre douleur n'eft pas vne douleur ambi-
tieufe & affectée, mais Chrétienne
& veritable, auffi n'exige-t-elle pas
de moi vne éloquence profane
& trop curieufement recherchée.
Vous fçavez la difference qui doit

estre entre le stile d'vn Prédica-
teur Evangelique , & celui d'vn
simple déclamateur ; vous sçavez
que je ne dois pas ici paroistre
pour vous faire approuver les
pensées de mon esprit, mais pour
vous faire craindre les jugemens
de Dieu ; que ce n'est pas pour
attirer des acclamations de vostre
bouche, mais plûtost des soûpirs
de vostre cœur ; & enfin , vous
sçavez, MESSIEURS, que si vous me
faites parler en ce lieu , ce n'est
pas précisément pour vous entre-
tenir de ses vertus heroïques, qui
sont connuës de tout le monde,
& dont vous avez esté vous-mes-
mes les témoins & les panegyri-
stes , mais principalement pour
publier, & pour reconnoistre les
obligations particuliéres que ce
celebre Hostel - Dieu de Paris ,
& tous les Pauvres de la France
ont à sa memoire.

C'est pour satisfaire à ce pieux
dessein, & pour m'accommoder
à toutes les autres circonstances,

A iiij

que m'arreſtant aux paroles du Prophete , que j'ai choiſies pour mon texte, j'en fais l'application à mon ſujet particulier , & que je vous dis de Meſſire POMPONE DE BELLIE'VRE , Premier Préſident du Parlement , ce qu'vn ſaint Roi diſoit de l'homme juſte & bienheureux qui craint le Seigneur : *Gloria & divitiæ in domo ejus, & juſtitia ejus manet in ſæculum ſæculi.* C'eſt à dire, qu'il a ſçeû faire vn bon & legitime vſage de la gloire, & des richeſſes que Dieu avoit miſes dans ſa maiſon, & qu'il en ſera recompenſé éternellement dans le Ciel. Ces paroles vous jettent ſans doute, MESSIEURS, vne belle & riche idée dans l'eſprit. Il ſemble qu'elles aient eſté dites par le Prophete pour noſtre ſujet particulier, pour nous repreſenter cette gloire pure, ces richeſſes innocentes de Monſieur de Belliévre, cette vertu & cette juſtice heroïque à qui elles ont ſervi de

matiére en fa perfonne. Nous fui-
vrons, MESSIEURS, la divifion
jufte & naturelle que ces paroles
nous fourniffent : *Gloria & divi-*
tia in domo ejus , & juftitia ejus
manet in fæculum fæculi. Mais pour
vn fi grand deffein j'aurois befoin
de vos prieres , pour obtenir du
Ciel la force qui me manque, &
de voftre patience , pour en fup-
porter le défaut. J'efpere que
vous ne refuferez ni l'vn ni l'autre à la memoire de Monfieur le
Premier Préfident , par laquelle
je vous en conjure ; & que fi je
ne réponds pas à vos fouhaits,
ou à voftre attente, vous jugerez
bien qu'on peut fans honte eftre
vaincu par vn fujet fi riche & fi
relevé, & qu'on ne pourroit pas
efperer fans temerité d'en pouvoir égaler la dignité & l'abondance.

DE tous les biens qui peuvent I.PARTIE.
contribuer à la felicité de l'homme , les Philofophes demeurent
d'accord, qu'il n'y en a point de

A v

plus spirituel, ni de plus délicat, de plus précieux, ni de plus éclatant que l'honneur. Il semble mesme, que selon l'opinion la plus receuë parmi les honnestes gens du monde, il n'y ait point d'autre bien dans la vie civile que la gloire. Il n'y a rien de si beau, humainement parlant, que cette vie immortelle, cette vie invisible & intellectuelle, si loüée par les Platoniciens, par laquelle nous vivons hors de nous-mesmes dans tous les lieux, & dans tous les siécles; & il est certain que c'est vne des grandes, distinctions qui soit entre les hommes & les brutes, comme c'est la plus grande qui soit entre les grands hommes & la multitude, entre les heros & le peuple.

La nature a tellement partagé les biens, dit vn Philosophe, qu'elle a donné les voluptez aux bestes, & les honneurs aux hommes. Les animaux qui sont privez de la raison sont plus sensi-

bles aux plaisirs grossiers de la
chair & des sens, mais ils ne sont
pas capables d'estre honorez, &
de recevoir avec quelque sentiment ou quelque reconnoissance
les témoignages d'estime, & les
loüanges. C'est la prérogative des
hommes, c'est ce qui les rend si
jaloux d'en conserver les droits,
c'est ce qu'ils préferent tous les
jours à la vie du corps, à tous les
avantages de la fortune, & aux
charmes mesmes de la volupté. Et
c'est ce qui a porté tous les Le-
gislateurs à ordonner des peines
contre les calomniateurs, aussi
bien que contre les homicides,
& à obliger les médisans à resti-
tution, aussi bien que les voleurs
& les concussionnaires.

Mais si ce sentiment se rencon-
tre en tous les hommes en général,
il domine encore plus particu-
culiérement en ceux que la naiss-
sance & les emplois illustres éle-
vent au dessus des autres. Car
comme ils joüissent ordinairement

& avec abondance de tous les autres avantages de la vie, ils ne
croient avoir befoin que de reputation : ils n'ont point d'autre paffion que celle d'eftre honorez ;
& pendant qu'ils laiffent courir
les Philofophes aprés la vertu fe-
vere, les débauchez aprés les plaifirs deshonneftes, & les avares
aprés le lucre fordide, ils fe con-
tentent de la gloire, & ils ne tra-
vaillent qu'à fe rendre fameux &
illuftres. Ce qui a fait dire vne
belle parole à Ariftote dans fes
Morales, que l'honneur eft le feul
bien qui fe peut donner à ceux
qui poffedent & qui donnent tous
les autres ; c'eft à dire, qu'il eft la
confommation de la grandeur hu-
maine, que c'eft quelque chofe de
plus précieux que les couronnes,
& dont le manquement peut faire
fentir de l'indigence dans l'abondance de toutes les autres chofes.

Mais je paffe encore plus avant
que tous ces Philofophes, & je
dis par vne penfée qui vous pa-

roiſtra peut-eſtre vn peu hardie,
mais qui ne laiſſe pas d'eſtre veritable , que cette vie glorieuſe
qui nous fait vivre hors de nous
dans l'eſtime des autres, convient
à l'homme Chrétien d'vne manie-
re d'autant plus avantageuſe, que
c'eſt dans la penſée de Dieu meſme qu'elle le fait vivre, où il for-
me de ſoi-meſme vne belle pein-
ture, par autant de traits qu'il fait
ici bas d'actions juſtes & me-
ritoires. Auſſi l'Ecriture dit en ce
ſens que Dieu ignore les méchans,
c'eſt à dire , qu'il n'en conçoit
aucune idée favorable en ſon en-
tendement, & qu'il ne peut ſouf-
frir l'image du pecheur.

Il eſt pourtant vrai, MESSIEURS,
& il le faut confeſſer en bonne
Theologie, que le peché, qui eſt
le pere de la diviſion , ſeparant
l'homme d'avec Dieu, ſepara auſſi la gloire de la vertu, & que
rompant la douce liaiſon qu'elles
avoient parmi nous dans le Para-
dis terreſtre , il les reduiſit à n'en

avoir prefque plus que parmi les
Bienheureux : mais auffi faut-il
avouër d'ailleurs, que Dieu fe re-
ferve toûjours quelques ames fortes & choifies, dans lefquelles il
leur permet de fe reconcilier pour
le bien du public, & pour fon
fervice, ou dans lefquelles, pour
mieux parler, il les affemble lui-
mefme, comme pour conferver aux
juftes le droit qu'ils ont à la pof-
feffion des biens & des honneurs.

Nous pouvons dire, Messieurs,
que Monfieur le Premier. Préfident a efté de ce petit nombre.
Dieu qui deftinoit ce grand homme à de grandes chofes, & qui
le mettoit dans le monde comme
vne lumiére éclatante pour éclairer, & pour conduire les autres,
ne voulut pas que venant au jour
il manquaft d'aucun rayon qui
puft doiner de l'éclat & du pouvoir à fa vertu. Il fit lever ce
Soleil dans la fplendeur d'vne naif-
fance illuftre ; il le fit fortir d'vne
famille confidérable par fa pro-

pre noblesse, & par ses grandes alliances. Il ramassa dans sa personne toute la gloire qu'il avoit partagée entre deux des plus grands Chanceliers de France, dont il estoit le petit-fils ; & quand je vous aurai nommé, MESSIEURS, entre ses ancestres les De Belliévres, les Despeces, & les De Refuges ; les Brûlarts de Sillery, de la Borde, & de Genlis ; & entre ses alliez les Maisons de Champagne, & de Harlay ; celles de Villeroy, de Valancé & des Marests ; vous vous representerez aussitost tous les plus grands hommes que nous avons à present en France, & que nous avons eû dans les derniers siécles dans toutes les plus éminentes Charges de l'Eglise, de l'Epée, & de la Robe.

Ce fut dans ce mesme dessein que Dieu lui donna dés son enfance vn visage plein de douceur & de majesté, vne humeur noble & charmante, & vn esprit docile & brillant, qui le faisoit déja les délices & l'admiration des plus grands hommes du Roiaume. La Lune & les moindres Etoilles ne commencent à nous luire, que quand elles commencent à paroî-stre à nos yeux ; mais nous voions que dans les matinées claires & seraines le Soleil luit avant que de se faire voir, & donne le jour à la terre long-temps avant que de paroistre. C'est ainsi que Monsieur de Belliévre commençoit d'é-clairer le monde, quoi qu'il fust encore caché dans l'obscurité des Colleges, & que par la premiére pointe de sa reputation, comme par des rayons naissans, il fai-soit deviner la force de ses influences & de ses lumiéres.

Que ne pourrois-je pas dire de toutes les actions glorieuses qu'il fit en suite, soit dans le Parlement, où il fut receû Conseiller à l'âge de vingt-deux ans, soit dans les Conseils du Roi, où l'on créa pour lui, & pour Monsieur de Thou deux Offices de Maistre

des Requeftes d'vne maniére ho-
norable pour eux , & pour cette
augufte Compagnie ; foit dans les
Provinces , où il fut envoié en
qualité d'Intendant de Juftice ?
Mais je paffe toutes ces chofes ,
& il m'en refte de fi éclatantes à
déduire dans la fuite de ce dif-
cours , qu'il faut laiffer ce qui
pourroit fervir de matiére à l'éloge
des hommes les plus illuftres.

Vous parlerai-je auffi, MESSIEURS,
de la qualité de Préfident au Mor-
tier , qui eft fi éminente d'elle-
mefme , & de fes quatre Ambaf-
fades fameufes & extraordinai-
res , dont il s'eft aquité d'vne façon fi digne de la grandeur de cette floriffante Monarchie ? Il fuffit
de remarquer ici , que tous les
fages difoient de lui , quand il re-
vint d'Italie , d'Angleterre , & de
Holande , ce que difoit autrefois
Symmaque d'vn Préfident de Pro-
vince , qui avoit fait l'honneur de
Rome dans vne legation impor-
tante , qu'il avoit emporté au-

tant d'affection publique des païs
eftrangers, qu'il y avoit laiffé de
bons exemples de fa vertu, & de
marques illuftres de fa conduite, de fon adreffe, & de fa magnificence. Arreftons-nous donc,
Messieurs, à la dignité fuprê-
me de Premier Préfident du premier Parlement du Roiaume, &
voions avec combien de gloire &
de juftice il s'eft aquité de cette glorieufe Charge, qu'il avoit
mife dans fa maifon. *Gloria in domo ejus, & juftitia ejus manet in
faculum faculi.*

C'eft vne parole commune parmi les Sages, qu'ils ont emprun-
tée d'Ariftote, & qu'Ariftote avoit
apprife d'vn des fept Sages de la
Grece, que les grandes Charges
font connoiftre les grands hommes. La lumiére ne paroift jamais
mieux, que quand elle eft plus
élevée. Quand les Aftres font dans
leur afcendant, c'eft pour lors
que leur vertu fe découvre; & il
y a cette difference entre les cho-

ses terrestres, & le feu, que cel-
les-là retombent en bas aussi-tost
que cesse l'impression qui les a éle-
vées contre leur nature ; mais le
feu qui monte par sa propre agi-
lité, ne descend plus sur la terre,
dés qu'il a touché sa sphere : en
quoi il fait paroistre que la re-
gion, la plus proche des Cieux
est son siége naturel. C'est ainsi,
Messieurs, que ceux qui ne
sont montez à quelque haute dignité, que par machine, pour ainsi dire, & à force de bras, je veux
dire de brigues, & d'argent, retombent bientost à leur centre,
& font reconnoistre leur indigni-
té, & leur ambition tout ensemble; au lieu que la veritable vertu, qui s'est elle-mesme frayé le
chemin au sommet de l'honneur,
portée sur les ailes de son propre merite, & non pas seulement
par le vent de la faveur, s'y main-
tient toûjours, s'y perfectionne,
& fait connoistre à tout le monde que c'est sa nature d'estre dans

les lieux les plus élevez, & que
la retenir plus bas, c'eſt lui faire
violence.

Telle a eſté la vertu de ce Pré_
ſident illuſtre. Il ne lui falloit pas
vn moindre theatre, que le premier
thrône de la Juſtice. C'eſt là où
il s'eſt montré tout entier, & tout
à découvert; & comme Dieu fait
reconoiſtre ſa grandeur, & toutes
ſes autres perfections en rendant
ſes jugemens; *cognoſcetur Dominus
judicia faciens :* auſſi pouvons-nous
dire, qu'il s'eſt fait connoiſtre
par cette voie toute divine; &
qu'il eſt devenu vne image d'autant plus parfaite de la Diuinité,
qu'il eſtoit aſſis, comme il eſt dit
de Dieu au meſme endroit, ſur
vn tribunal qui juge tous les autres, *ſediſti ſuper thronum qui ju-
dicas juſtitiam.* C'eſt là, où il a
fait paroiſtre avec éclat vne preſence d'eſprit admirable dans la
diverſité des affaires les plus épi-
neuſes; vne adreſſe ſinguliére à
ménager, & à réünir les eſprits

Pſal. 9.

les plus difficiles, & les plus fâcheux; vne connoiſſance profonde de tous les replis des cœurs les plus artificieux & les plus cachez; vne prudence merveilleuſe à faire des ouvertures ſelon la capacité, les inclinations, ou les intereſts de ceux avec leſquels il eſtoit obligé de traiter; vne charité tendre & effective pour les miſerables; vne vehemence juſte & inflexible contre les fourbes & les méchans; & vne douceur noble & bienfaiſante pour tout le monde. L'on ne voyoit point ſur ſon viſage cette auſterité ſevere & chagrine, qui ne rend la juſtice aux bons que comme à regret, & aux coupables qu'en colere. Son abord eſtoit doux & gracieux; ſon entretien ſpirituel & charmant; ſes reparties promptes & judicieuſes; ſon ſilence étoit agréable & intelligible; ſes refus meſmes eſtoient bien receus & obligeans; & parmi la pompe & la ſplendeur, qui accompagnoit

toutes ſes actions, on voioit re-
luire dans ſes yeux vn certain air
de douceur & de majeſté, qui
donnoit pour lui & pour la juſtice, qui eſt d'elle - meſme ſi ef-
fraiante, de l'amour auſſi bien
que du reſpect.

C'eſt vn beau mot de S. Ber-
nard, que l'on peut dire contre
quelques-vns d'entre les grands
hommes de la Robbe, auſſi bien
que de l'Egliſe, que la pluſpart
de ceux qui doivent éclairer, &
conduire les peuples, jettent plû-
toſt de la fumée que de la lumiere; *quem mihi oſtendas non ma-*
gis de ſublimi fumantem quàm flam-
mantem? Leur gravité eſt inſup-
portable aux petits; on ne joüit
pas gratuitement ni impunément
de leur vertu ni de leur juſtice;
la multitude des affaires les em-
baraſſe; la qualité des choſes les
étonne, & les met en deſordre;
l'importunité des parties les chagrine, & les impatiente; enfin il
eſt rare de voir dans ces grands

Præfat. in
vit. S. Ma-
lach.

Magiftrats vne action qui foit toûjours également douce & majeftueufe, en forte que rien ne fe faffe avec empreffement, ni felon les mouvemens ou les emportemens de la nature ; mais tout par deffein, par application finguliére de l'efprit & du jugement, & par vn concert general de toutes les facultez de l'ame. Voilà, Messieurs, la propre difference, & le caractere fpecial de Monfieur le Premier Préfident. Il eftoit femblable au Soleil, qui produit toûjours vne lumiere douce & vniforme, auffi - bien que claire & agiffante ; au lieu que les moindres Aftres, & les flambeaux de la terre étincellent avec des brillemens entrecoupez, & par certaines petites reprifes, comme s'ils produifoient leur lumiere avec effort.

Il confervoit mefme cette noble & belle maniére d'agir dans les actions les plus communes de la vie civile & privée, parmi fes

amis, & ſes domeſtiques, & dans
le particulier, auſſi-bien que dans
le public. Laiſſons dire aux Poëtes que le Soleil ſe retire le ſoir
dans la mer pour ſe rafraîchir,
& reprendre de nouvelles forces.
Ce n'eſt qu'vne fable ; il va éclairer vn autre hemiſphere ; & quoi
que nous ne le voions plus, il ne
laiſſe pas d'eſtre auſſi lumineux,
& auſſi agiſſant. C'eſt ce que nous
pouvons dire, MESSIEURS, des
retraites meſmes, & de la vie
particuliére de Monſieur de Belliévre. Ce que les ignorans ont
appellé des taches dans le Soleil, quelques Aſtrologues ont
reconnu que c'eſtoit des étoilles.
Tout eſt ſplendeur dans les grands
hommes ; & ce qu'ils cachent aux
yeux du vulgaire, eſt bien ſouvent la plus belle partie de leur
vie. C'eſtoit dans ces miſterieu-
ſes tenebres qu'il ramaſſoit toute
ſa force, & ſes lumiéres, comme il
eſt dit de Dieu ſi ſouvent dans l'E-
criture Sainte. Pendant que vous

ne

ne voyiez point de caroſſes devant ſa porte , ni de cliens
dans ſes ſales ; ſon cabinet eſtoit
rempli de perſonnes de la plus
haute condition , avec leſquel-
les il negocioit pour le ſervice
du Prince , pour l'honneur de ſa
Compagnie , pour le ſoulagement
des Peuples , & pour le repos du
Royaume. Il n'y a que les Aigles
qui voient marcher le Soleil ,
mais tout le monde peut remarquer le chemin qu'il a fait. Il y
a , dit Ariſtote , dans les Maiſtres
du monde quelque choſe de di-
vin , & qui ſurpaſſe la portée des
hommes ordinaires. Voiez-vous
ce Heros , dit Seneque en parlant
du plus grand homme d'Etat qui
fut jamais dans Rome , il n'a pas
combatu en preſence du peuple
contre les beſtes ſauvages , c'eſt
le meſtier des gladiateurs ; il n'a
pas pourſuivi les monſtres avec le
fer & le feu ; il n'a pas fait croire
au peuple qu'il portoit le Ciel ſur
ſes épaules ; il n'a voulu paſſer ni

pour vn Hercule, ni pour vn Atlas;
il a pourtant luité avec d'autres
monſtres inviſibles, & il a ſoûte-
nu des machines encore plus pe-
ſantes, que n'ont fait tous ces de-
my-dieux; il a combatu l'envie de
la Fortune, & la malignité de ſon
ſiécle; tout ce qu'il y a d'artifice
dans les faƈtieux, d'audace dans
les inſolens, & de malice dans les
eſprits les plus corrompus, n'a pû
ni ſurprendre, ni ébranler le ſien.
Il a reſolu toutes choſes avec ſa-
geſſe, parlé avec liberté, agi avec
courage. Il n'a point eû d'autre
regle que la loi, d'autre but que
le bien public, & d'autre recom-
penſe que la gloire de bien faire.
Il s'eſt montré entier, & incor-
ruptible en vn temps auquel l'a-
varice n'eſtoit point vn crime;&
il a eſté d'autant plus précieux à
tous les gens de bien, qu'il a montré qu'il ne pouvoit eſtre acheté
par aucun prix.

Cette generoſité, Messieurs,
a mis le comble à ſa grande re-

putation, & cette reputation mer-
veilleufe a efté l'inftrument illuftre de tant d'actions heureufes
& importantes, qui nous rendent
fa memoire fi chere, & fi précieufe.
C'eft ce qui l'a rendu l'arbitre,
& le mediateur des plus grandes
affaires de l'Etat ; c'eft par ce
moien qu'il a affermi l'autorité
du Roi dans l'efprit de tous fes
Sujets ; qu'il a diffipé fans bruit
tous les orages qui menaçoient
le public & les particuliers ; qu'il
a rendu inutiles tous les projets
des plus avares, & des plus artificieux ; qu'il a rapproché les chofes les plus éloignées ; qu'il a relevé la dignité & la reputation du
Parlement, en vn temps où plufieurs croioient que c'eftoit beaucoup faire que de la conferver ;
enfin qu'il a porté la Charge de
Premier Préfident à vn fi haut
point de grandeur & de gloire,
qu'il ne pouvoit plus, ce femble,
monter plus haut ; la mefure eftoit
remplie ; la terre n'avoit plus rien

d'assez grand pour recompenser sa vertu heroïque, & sa justice toute divine ; il n'y avoit plus que le Ciel & l'Eternité qui en pouvoit estre le prix : *Justitia ejus manet in saculum saculi.* Vos plus-grandes recompenses, ô hommes, & Princes de la terre, ne sont que vanité, & que fumée. La Justice, dit le S. Esprit, est la racine de l'immortalité, & tout ce que vous lui pouvez donner en ce monde, est mortel & perissable ; vos Charges & vos honneurs pouvoient estre la matiere de son action, mais ils n'en pouvoient pas estre la fin ; cette justice combatoit sur la terre, mais c'estoit pour estre couronnée dans le Ciel. La France a esté son theatre, le service du Prince son sujet, le bien public son fruit, & Dieu son objet, & sa recompense : *Gloria in domo ejus, & justitia ejus manet in saculum saculi.*

Il semble, MESSIEURS, que nous soions au comble des loüan-

Sap. 15. 3.

ges de Monsieur le Premier Président ; mais il nous reste vne se-
conde partie qui n'est pas moins
riche en son genre , qui est plus
Chrétienne en sa matiere ; c'est
l'vsage qu'il a fait des richesses,
divitiæ in domo ejus ; & c'est ici
proprement ce qui se doit dire en
ce lieu , & qui merite bien que
vous renouvelliez vostre atten-
tion.

L'A B U S de la gloire , & celui II. P A R T I E.
des richesses font deux desordres
si vnis ensemble , que Clement
Alexandrin a eû raison d'appeller l'vn le germe de tous les vi-
ces, & l'autre la mere qui les conçoit. Ce font les deux maîtresses
fources de tous les crimes : & la
mesme Ecriture, qui a dit, que l'orgueil estoit le commencement de
tout peché, a dit aussi que l'avarice estoit la racine de tous les
maux : & S. Thomas voulant con-
cilier ces deux passages, enseigne
excellemment à son ordinaire, que
l'orgueil estoit le premier des vi-

ces, eû égard à la fin, qui eſt toûjours la premiére cauſe dans l'in-
tention , par ce que tout ce que
font les pecheurs , ils le font ordinairement par vn deſir déreglé
de leur excellence ; mais que
quant à l'exécution , nous pou-
vions dire que l'avarice eſtoit la
premiére , par ce que c'eſt elle qui
fournit les moiens qui conduiſent
à cette fin malheureuſe. Mais
quoi qu'il en ſoit de cette Theologie , je dis que le mépris des
biens a je ne ſçai quoi de plus pur
& de moins ſuſpect que celui des
dignitez ; & qu'encore qu'il ſoit
vrai , que l'honneur eſt vn bien
incomparablement plus précieux
que le bien meſme , toutefois celui qui emploie l'or & l'argent
pour le ſoulagement des autres,
fait vne perte bien plus grande
que celui qui fait à meſme fin vn
bon & legitime vſage des honneurs. Et ce n'eſt point vn para-
doxe, Messieurs, il n'y a rien
de plus veritable ; par ce qu'il

nous eſt comme impoſſible de re-
noncer à ce doux parfum de la
gloire, encore qu'en effet nous y
renoncions; plus nous faiſons ſer-
vir noſtre reputation & nos charges à l'avantage du public & des
particuliers , plus elles devien-
nent glorieuſes ; & quand vne
fois l'honneur eſt preſenté à quelqu'vn, qu'il l'accepte, ou qu'il ne
l'accepte pas , il le reçoit toûjours. Mais il n'en eſt pas de meſme des richeſſes ; celui qui les
donne aux autres, ceſſe d'eſtre riche en effet ; il devient pauvre
à meſure qu'il s'en dépouille , &
il n'y a point de difference entre
les perdre & les donner.

Et c'eſt ici, MESSIEURS, le
ſecond miracle de la vie de
Monſieur le Premier Préſident.
Il s'eſtoit élevé au deſſus de l'é-
clat , & du faſte de ſa condition , & de ſa fortune ; mais
comme il en eſt devenu encore
plus glorieux, nous pouvons dire qu'il a fait quelque choſe de

plus heroïque dans la profusion
prudente, qu'il a voulu faire lui-
mesme de ses richesses.

C'est l'éloge illustre qu'vn des
plus éloquens Poëtes de l'antiquité a donné autrefois au grand
Anicius Probus, qui n'a pas
moins esté l'exemple de Rome
Chrétienne par ses grandes charitez, & par ses vertus religieu-
ses, que l'ornement de cette premiére Ville du monde, par la
splendeur de sa naissance auguste,
par l'éclat des premiéres Charges
de l'Empire, & par la magnificence de son superbe Palais.
Voici comme Claudien parle de
cét homme, qu'il auroit raison
d'appeller incomparable, si nous
n'avions eû en nos jours vn
POMPONE DE BELLIE'VRE.

Claudian.
Paneg. de
Consí. Probi
& Olibr.

———*Virtutibus ille*
Fortunam domuit, nunquámque
    levantibus altè
Intumuit rebus, sed mens circum-
    flua luxu
Noverat intactum vitio servare
    vigorem.

Voilà pour ce qui regarde l'v_
fage de la gloire ; & enfuite il
ajoufte :

*Hic non divitias nigrantibus ab-
    didit antris,*
*Nec tenebris damnavit opes, fed
    largior imbre*
*Sueverat innumeras hominum di-
    tare catervas.*

Et le refte, que les curieux peuvent voir dans l'Original.

Mais ce que j'admire davantage dans les liberalitez de Monfieur le Premier Préfident, c'eft
qu'il a fceû les faire auffi bien que
ce fameux Conful, dans toutes
les circonftances de la Morale la
plus rigoureufe, & qu'il a efté de
ce petit nombre dont parle Saint
Auguftin ; *Multi abundant, fed
pauci fciunt abundare :* Il a donné,
mais ç'a efté du fien ; il a donné,
mais de la bonne maniére ; il a
donné, mais à ceux qui meri-
toient de recevoir par l'excellence de leur vertu, ou par la mifere de leur condition.

B v

Quelqu'vn peut-il l'accuſer, MESSIEURS, d'avoir fait des largeſſes d'vn coſté, pour couvrir les rapines qu'il auroit faites de l'autre ? Y a-t-il quelque créancier qui ait pû ſe plaindre de n'en eſtre pas paié, pendant que tout le monde le loüioit de ſes bienfaits ? A-t-on dit que ſes maiſons eſtoient cimentées du ſang & des larmes des pauvres ? A-t-il fait paier aux particuliers les Charges qu'il exerçoit en public, comme faiſoient autrefois ces Magiſtrats, dont ſe plaint vn des plus anciens, & des plus éloquens Eveſques de noſtre France : *Reddunt miſeri dignitatum pretia, quas non emunt, commercium neſciunt, & ſolutionem ſciunt ?* A-t-il fait gemir le peuple ſous le poids de ſa grandeur ? Sa ſplendeur a-t-elle deshonoré la Juſtice, ou cauſé quelque retranchement à ſes liberalitez ? Et l'aſpect de ſa magnificence a-t-il fait naiſtre

Salv. l. 4. de Provid.

l'indignation, le reproche, ou le
foupçon?

Ne pouvons nous pas mef-
me dire, Messieurs, que
Monfieur le Premier Préfident a
donné en quelque façon ce qu'il
a refufé de recevoir? Les fources, ou pour me fervir des ter-
mes de l'Ecriture, les cataractes
de la faveur luy eftoient ouver-
tes, & il ne tenoit qu'à luy de
faire entrer vn deluge de richef-
fes dans fa maifon; mais il a ap-
prehendé que ce deluge ne noiaft
la vertu chez lui, comme celui
des eaux avoit autrefois noié la
terre : & l'on peut dire verita-
blement que ce refus a efté vn
don qu'il a fait au Public, puif-
qu'il n'a refufé que pour fe conferver plus de liberté pour la dé-
fenfe des interefts publics. Il
fçavoit que les dons engagent in-
fenfiblement, que le prétexte fpé-
cieux de la reconnoiffance eft le
piége où fe laiffent prendre les
plus grandes ames, qu'vn hom-

me couvert des bienfaits de la faveur a peine à s'oppofer à toute
forte d'injustice, & qu'vn Magiftrat partagé entre les reffenti-
mens des graces qu'il vient de
recevoir, & le foin du bien public qu'il doit toûjours procurer,
eft vn Magiftrat paralytique, vn
Magiftrat perclus de la moitié de
lui-mefme.

Mais il n'a pas feulement donné au Public ce qu'il a refufé des
mains de la faveur, il lui a donné encore plufieurs chofes qu'il
s'eft refufé à lui-mefme. Afin
d'eftre tout au Roi, & tout au
Peuple, tout à l'Eftat, & à fa
Charge, il n'a pas voulu eftre
mary, il n'a pas voulu eftre pere. Il eftoit encore jeune, il
pouvoit reparer de bonne grace
la perte de Madame fa femme
par vn fecond mariage. Et vous
voiez bien, MESSIEURS, qu'il
euft efté le fouhait des plus illuftres Maifons du Roiaume. Néanmoins ni la douceur de poffeder

vne Compagne éclatante en naif-
fance & en merite, ni l'affermif-
fement de fon élevation par do
grandes alliances, ni la paffion fi
forte, & fi innocente qu'ont tous
les hommes d'avoir des heritiers
de leur gloire & de leurs biens,
qui portent leur nom, ne lui a
pû perfuader d'entrer dans vne
condition, qui traînant avec elle
la paternité, lui euft donné des
attaches particuliéres, & d'autres
enfans que les Peuples, d'autres
enfans que les Veuves, les Or-
phelins, & les Affligez. Il a efté
dur à lui-mefme, à fon nom, &
à fa race, par l'excés de fa ten-
dreffe pour le Public ; il a bien
jugé qu'vn pere peut fe facrifier,
mais qu'il lui eft tres-difficile de
facrifier fes enfans ; il s'eft fait
violence, pour fe priver de cette
fatisfaction jufte & naturelle,
mais qui euft partagé fes foins
& fon amour, & qui l'euft em-
pefché de fe donner entiérement
au Public.

Il eſt donc conſtant, MESSIEURS, que Monſieur le Premier Préſident a poſſedé dans vn degré d'éminence la premiére condition de la liberalité, qui eſt de donner du ſien, puis qu'il n'y a rien qui ſoit plus à nous que nous-meſmes, & qu'il n'a jamais fait que des largeſſes pures & innocentes, qui n'ont appauvri perſonne, & qui ont enrichi tout le monde.

Mais il ne s'eſt pas contenté de ne donner que du ſien, il a auſſi donné de la belle maniére, ce qui eſt encore plus rare. Les Grands ſont pour la pluſpart ſemblables à ces grands baſſins de fontaine, qui ne rendent l'eau que par force, & en regorgeant, aprés qu'ils en ſont remplis; mais l'argent n'eſtoit en ſes mains que comme la bonne eau dans vn canal, elle y paſſe, & c'eſt tout, elle n'y laiſſe pas meſme aucun gouſt, ny aucune couleur. Les liberalitez des riches ſont ordinairement ſemblables à la pierre du foudre, qui

engraiffe, dit-on, les terres mol-
les où elle tombe, mais c'eft avec
beaucoup de bruit & d'éclat. Mais
fes bienfaits eftoient femblables à
ceux de Dieu , qui fait tous les
jours de grands biens à l'Univers,
à quoy les hommes du vulgaire ne
prennent pas feulement garde,
qu'aprés qu'ils en font privez. Enfin les riches & les prodigues du
fiécle donnent, mais fans connoif-
fance, fans ordre & fans difcretion.
Mais Monfieur le Premier Préfident fçavoit parfaitement cette
fcience fi difficile de bien donner,
auffi-bien que toutes les autres.
Comme ilconnoiffoit par luy-mef-
me tous les plus fçavans, & les plus
éloquens hommes du Roiaume, &
tous les plus habiles gens dans tous
les Arts mefme méchaniques, auffi
leur donnoit-il avec fes bonnes graces, le courage & les commoditez
pour fe produire. Je pourrois vous
marquer ici, MESSIEURS, ce que
j'en fçai par ma propre connoif-
fance, & ajoûter toutes les gran-

des chofes qu'il a faites pour l'U-
niverfité de Paris ; mais cela n'eft
pas neceffaire , & la reconnoiffance de tous ces grands hommes eft affez publique.

Mais je ne fçaurois oublier ici
deux chofes importantes à fa memoire , & que fçavent tous ceux
qui ont eû l'honneur de l'appro-
cher. Premiérement, qu'il préferoit toûjours entre les fçavans , les
plus fages & les plus vertueux ; &
comme il ne pouvoit fouffrir la
beauté de l'efprit , fans la bonté
de l'ame , auffi ne pouvoit-il donner fa protection à tous ces Illuftres , qu'il croioit eftre dans le
libertinage. Et en fecond lieu, qu'il
préferoit toûjours les pauvres , &
les miferables dans la difpenfa-
tion de fes largeffes. Sa liberàlité
n'eftoit pas feulement philofophi-
que , mais Chrétienne. Il ne fe
contentoit pas de donner aux perfonnes de merite ; c'eftoit affez
pour les Luculles, les Auguftes, &
les Mecenas , & tous ces autres

grands hommes de l'Antiquité
Paienne , qui n'avoient que les
fentimens d'vne humanité naturelle & civile : mais il avoit ap-
pris de la Sageffe Incarnée , que
la liberalité, pour eftre vraie, doit
eftre gratuite, genereufe, & vni-
verfelle ; que cette vertu ne doit
eftre ni mercenaire, ni intereffée,
mais s'étendre fur les perfonnes
de la plus baffe , & de la plus
honteufe condition. Comme cette
charité envers les pauvres & les
miferables eft la plus grande
marque de l'excellence, & de l'é-
minence de la Religion Chrétienne au deffus de la fageffe de tous
les Philofophes ; auffi pouvons-
nous dire à la gloire de Monfieur
le Premier Préfident , que ce lui
eftoit la plus chere , & la plus
précieufe de toutes fes vertus. Il
n'avoit pas feulement de la com-
paffion pour eux , mais il avoit
encore vne efpece de réverence;
l'affiftance qu'il leur rendoit n'é-
toit pas feulement un effet de fa

*Lactant. l.
6. c. 11. vbi
præclara ad-
verfus Cice-
ron. qui exi-
ftimabat ho-
minibus
quidem , fed
idoneis de
re familiari
impertien-
dum.*

misericorde , mais aussi de sa justice : il en faisoit un acte de religion, il regardoit l'affligé comme une chose sacrée , & apparte-
nante à Dieu : & quand il travail-
loit pour l'établissement , ou la
conservation , pour la discipline,
ou l'augmentation des Hospitaux,
il croioit s'aquiter de la princi-
pale fonction de la Charge de
Premier Président.

Vous sçavez, MESSIEURS, que
cette dignité suprême a pour an-
nexe la qualité de premier Admi-
strateur de l'Hostel-Dieu de Paris.
Nos Peres ont voulu que le Pere
des Loix fust aussi le Pere des
Pauvres , & que celui qui prési-
doit à la Justice, présidast à la misericorde. Ce qui a esté sagement
établi , afin que ceux qui ont le
plus de besoin d'estre secourus,
fussent entre les mains de celui
qui a le plus de pouvoir , & que
la partie la plus foible de la Re-
publique, & la plus sujette à estre
opprimée, fust sous la protection

la plus puiſſante. Ces grands hommes qui ont reglé noſtre police,
ont eſtimé qu'il eſtoit du devoir
d'vn Premier Préſident , c'eſt
à dire , du Juge Souverain de
tous les riches , & de tous les
plus grands du Roiaume , d'eſtre
l'Avocat & le Protecteur des
Pauvres, & qu'il eſtoit juſte, que
comme il décide les differends que
les biens cauſent , il appliquaſt
ſon eſprit à remedier aux diſgra-
ces que le manquement de bien
produit. Monſieur DE BELLIE'-
VRE entendoit bien ces maximes ; il avoit bien compris cette
obligation de ſa Charge ; & vous
en pouvez rendre témoignage ,
charitables Adminiſtrateurs de
cette Maiſon, qui avez eſté ſes
Collegues en ce pieux emploi.
Vous ſçavez avec quel plaiſir il ſe
faiſoit tous les jours de Chef de la
Juſtice, & de la plus illuſtre Compagnie de la terre, le défenſeur de
l'infirmité , & le ſolliciteur, pour
ainſi dire, des derniéres perſonnes

du monde : vous fçavez avec quelle fatisfaction il fe déroboit aux affaires civiles & politiques des hommes, pour ne s'occuper avec vous que de cette vnique affaire de Dieu ; avec quelle joie il defcendoit du plus Augufte Tribunal de la Juftice jufques à voftre Bureau. Vous fçavez, dis-je, ce qu'il a fait pour appuïer de fa prefence, & de fon autorité, tous les projets de voftre illuftre & charitable Compagnie. N'en a-t-il pas augmenté le nombre, exécuté les Ordonnances, loüé la diligence, & le defintereffement, admiré les travaux, & animé le zele par fes éloges, par fes exemples, & par fa protection ? Il fçavoit bien que la conduite des pauvres, & des aumônes publiques eft l'art des arts, comme l'appelle Saint Jean Chryfoftome. Il fçavoit que fi les pauvres font les images de l'Humanité de Jesus-Christ, les riches qui les foulagent, & qui en prennent le foin, nous reprefen-

Καὶ γὰρ αὔτη τῶ τεχνῶν ἐκείνων ἀνωτέρα πασῶν.
Chryfoft. hom. 49. *in*

tent sa Divinité. Il considéroit les particuliers qui donnent l'aumô-ne, comme des Jardiniers, qui confervent quelques arbres, ou quelques fleurs par le moien de l'eau qu'ils leur donnent en les arrofant : mais pour ces grandes ames qui fe chargent de l'adminiftration des Hôpitaux, & des Pauvres en genéral, il les regardoit comme ces nuées dont parle l'Ecriture, qui par des pluïes douces & fecondes arrofent tout enfemble des campagnes entiéres, & donnent la fertilité à de grandes Provinces. Mais s'il avoit de fi bons fentimens pour vous, Messieurs, vous en aviez encore de plus hauts pour lui, qui eftoit l'ame de voftre corps, & vous le regardiez de voftre part comme le Soleil qui eft le pere, pour ainfi dire, & le difpenfateur de ces eaux vniverfelles & celeftes, dont nous venons de parler.

Mais ce que vous admiriez davantage en Monfieur le Premier

Græc. Cod. 50. in Latino-Græc. in c. 14. Matth.

Préſident, n'eſtoit pas ſeulement la protection qu'il donnoit aux pauvres par ſon credit & par ſon autorité , mais auſſi l'aſſiſtance qu'il leur rendoit par ſes charitez effectives , & ſes aumônes ſecretes ; il ne leur adjugeoit pas ſeulement la confiſcation des richeſſes mal acquiſes, mais il leur faiſoit largeſſe de ſes propres facultez ; il ne ſe contentoit pas d'en eſtre le Protecteur en genéral & en public , il en eſtoit encore le bienfaiteur en particulier; il n'en défendoit pas ſeulement la cauſe , il en ſoulageoit, & en cheriſſoit les perſonnes. Les Lazares n'eſtoient pas impitoyablement traitez à ſa porte , & meſme il n'eſtoit pas neceſſaire qu'ils y vinſſent pour recüeillir les effets de ſa compaſſion; il avoit vne miſericorde curieuſe qui les prévenoit ; il ſçavoit que pour poſſeder de grands biens à juſte titre , il les faut poſſeder à titre d'aumônier; il ſçavoit que la be-

nediction de l'aumône est comme vne salure qui conserve cette
mer de richesses qui est dans la
maison des Grands ; il sçavoit que
le moien de n'estre point empoi-
sonné par les richesses , c'estoit
d'en faire goûter aux pauvres, &
qu'aprés cela on en pouvoit ava-
ler en seureté. Vous avez ouï parler, Messieurs, de ces peuples d'Afrique qu'on nommoit
Psilles , qui guerissoient les blessû-
res des fléches empoisonnées , &
les morsûres des serpens, en su-
çant le venin avec leur bouche :
les richesses dans le Christianisme
sont vn venin assûrément ; mais
voulez-vous empescher , Riches,
que ce venin ne vous fasse mal,
faites-vous sucer par les pauvres,
par ces Psilles spirituels ? Enfin,
Messieurs , c'est la doctrine
de l'Evangile ; il n'y a point de
milieu, il faut que les riches pe-
rissent, s'ils ne se sauvent par l'aumône. Monsieur le Premier Président estoit bien persuadé de cette

verité, & cette foi a esté le prin-
cipe & la cause de toutes ses
grandes charitez. Tout le monde
sçait ce qu'il fit peu de temps
avant que de mourir : il avoit
cette tendresse pour les pauvres
si avant imprimée dans son ame,
qu'elle ne l'a point abandonné
parmi toutes les plus grandes douleurs de sa maladie, & les frayeurs
naturelles de la mort ; il pensa
particuliérement à eux dans le
temps qu'il éloigna de son esprit
toutes les autres choses de la terre. Un Payen a dit autrefois, que
le sentiment de l'affection paternelle pour les enfans, estoit
la derniére pensée des peres en
sortant du monde ; mais le sentiment de la charité Chrétienne pour les pauvres , qui lui te-
noient lieu d'enfans, fut la derniére de ses pensées ; le soin de
les secourir ne fut jamais si vi-
vant en lui, que lors qu'il fut sur
le point de mourir , ou plûtost
d'aller vivre éternellement dans

le

le Ciel. Comme ils eſtoient les plus proches de ſon cœur, il leur legua ce qui eſtoit le plus pro-che de ſes yeux. Ne pouvant plus vivre pour eux , il leur laiſſa le lit où il alloit rendre l'ame ; & ſans conſiderer la baſſeſſe de leur condition , mais ſeulement l'ex-cés de ſon amour , il leur donna l'vn des plus précieux de tous ſes ameublemens. Charité incompa-rable , MESSIEURS , & dont l'exemple illuſtre portera ſans doute les plus riches, & les plus grands du Roiaume à conſacrer aux pauvres , je dis aux pauvres de ce grand Hôpital , qui n'eſt pas tant celui de Paris , que de toute la France, tant de meubles ſuperbes & ſuperflus , dont la cor-ruption du ſiécle a rendu l'vſage malheureuſement neceſſaire, pour ſoûtenir la dignité des premiéres Charges.

Mais ne vous étonnerez-vous pas , MESSIEURS , ſi j'ajoûte encore à tous ces grands éloges ,

C

que Monſieur le Premier Préſident n'a pû ſe conformer dans les
bornes des exemples les plus heroïques , & dans les limites de
la charité ordinaire des premiers
Chrétiens , & que cét amour de
la nouveauté , qui rend les hommes illuſtres ſi ſuſpects, & ſi dan-
gereux dans les Eſtats, s'eſt con-
verti en lui en vn eſprit de nouveauté pour la charité, & le ſoulagement des pauvres. Il y a vne
nation ſur la terre qui ne con-
noiſt preſque point Dieu, qui ne
ſe ſoucie point des Princes , &
auſſi peu des Loix , qui a pour
regle de faire tout ce qu'elle peut
faire impunément , & qui n'eſt
retenuë , ni par la pudeur pour
les choſes naturelles, ni par l'honneur pour les choſes civiles. C'eſt,
Messieurs , la nation des pauvres mendians ; ils connoiſſent
peu Dieu , parce que l'ignorance
eſt la compagne de la mendicité;
ils ſe ſoucient peu des Princes, parce qu'ils ne poſſedent rien; & les

Loix trouvent peu de refpeſt par-
my eux , parce qu'ils n'ont ni
confcience, ni honneur, qui font
les premiéres Loix qui nous difpo-
fent à obeïr aux autres ; & dau-
tant qu'ils ont peu de part aux
plaifirs honneftes par le défaut de
bien, ils fe vengent, pour ainfi
dire , fur les plaifirs fales , & fe
faoulent d'impuretez & de diffo-
lutions.

Monfieur le Premier Préfident
a entrepris de civilifer cette nation farouche & brutale , & de
lui donner vne Religion , des Loix,
& de la pudeur ; de lui ouvrir
les yeux pour connoiftre Dieu ,
d'en faire vn membre de l'Eftat
foumis au Prince & aux Magiftrats , & de lui rendre les bons
fentimens de la nature par vne
bonne difcipline. Vous voiez
bien, MESSIEURS, que je
veux parler de l'Hofpital Genéral, le plus grand & le plus illuftre Ouvrage qu'ait jamais entrepris la charité la plus heroïque ;

Ouvrage qui embraſſe les beſoins ſpirituels & temporels de tous les pauvres, qui regarde la neceſſité du ſiécle preſent, & de tous les ſiécles à venir ; que l'on avoit pris d'abord pour vne idée agréable de quelques perſonnes plus pieuſes que prudentes, & qu'il a laiſſé dans le plus parfait eſtat que l'on pouvoit ſouhaiter par la vigilance de ſes ſoins, par l'autorité de ſon nom, & par le ſecours de ſes charitez particuliéres. Saint Chryſoſtome témoigne dans vne de ſes Homelies, le deſir de voir vn pareil établiſſement dans la ville Imperiale de Conſtantinople ; & il dit excellemment, que la terre fuſt devenuë vn Ciel, ſi l'on euſt pû voir tous les pauvres nourris en commun dans cette grande ville. Mais ce que ce Saint Homme n'avoit pû faire réüſſir avec la force & le zele de ſon éloquence toute divine dans la ville capitale de l'Orient, dont il eſtoit le Patriarche, a eſté mis en eſtat

Τούτους δὴ
καθ' ἑκάστην
ἡμέραν
τρέφεσθαι
πόση ἀφθο-
ρία ἦ;
μᾶλλον δὲ
κοινῆς τῆς
τροφῆς ...
νομίμως καὶ
συσσίτων ὄν-
των οὐδὲ
πολλῆς ἀ-
δέησε δα-
πάνης. τί δὲ

d'eſtre exécuté par un Premier Préſident dans celle de Paris, c'eſt à dire, dans la plus grande & la plus populeuſe ville du monde ; & nous avons dans ces derniers temps, où la charité eſt ſi fort refroidie, la conſolation de voir vne choſe dont l'exécution avoit eſté impoſſible dans le plus floriſſant ſiécle de l'Egliſe.

Vous déploriez, Messieurs, il y avoit long temps, la condition malheureuſe de preſque tous les indigens, pour qui la pauvreté, qui devroit eſtre l'inſtrument de leur ſalut, n'eſtoit qu'vne occaſion fatale de larcin, & d'impureté, de blaſpheme, & de libertinage. Vous diſiez tous les jours, comme S. Auguſtin des pauvres de ſon temps, que quoi que tout en fuſt rempli, vous eſtiez toutefois en peine de trouver vn vrai pauvre parmi ce grand nombre qui aſſiégeoit vos portes. Vous vous plaigniez, comme faiſoient autrefois S. Baſile & S. Ambroiſe,

C iij

οὐκ ἀ οὐ-
ϱανὸν ἐποι-
ήσαμεν τὴν
γῆν, &c.
Chryſ. hom.
11. *in Act.*
Apoſt. c. 5.

Nónne pauperibus plena omnia ? & tamen inter omnia quæro pauperem, &c.
Aug. ſerm.
110. *de têp.*
ſub init.
Baſil. cont.
4. *de miſer.*
& benignis.
tom. 3.
Ambroſ. of-
fic. l. 2. c. 16.

de tant de gueux & de vagabonds,
qui font vn art & vne difcipline
de la mendicité, qui compofent,
difent ces Peres, des chanfons pi-
toyables pour tromper les fim-
ples , & qui contrefont des vlce-
res , & des diflocations de mem-
bres , pour croupir impunément
dans la fainéantife , fous prétexte d'vne pauvreté fans remede.
Quels defordres , MESSIEURS,
& quelle obligation n'avons-nous
pas à la memoire de Monfieur le
Premier Préfident , d'en avoir
trouvé le remede ? Les aumônes
que vous faites dans les ruës ne
feront plus l'aliment des crimes,
& l'inftrument de toutes fortes
d'abominations ; la vie des neceffi-
teux & des affligez ne fera plus la
proïe & la dépoüille des fourbes
& des trompeurs ; la pauvreté ne
fera plus vne excufe legitime , qui
difpenfe les mendians de la fcience du falut ; l'on ne les verra plus
paffer des années toutes entiéres
dans l'Eglife , fans jamais y en-

Ambr. ibid.

tendre la Meſſe , ni le Sermon.
Comme ils ſeront plus reglez dans
leur vivre , & mieux inſtruits dans
les maximes de la Religion , on
n'apportera plus dans ce grand
Hôpital , ni tant de malades de
corps , ni tant d'infirmes dans la
Foy ; toutes ces maiſons que leur
a fait préparer Monſieur DE BEL-
LIE'VRE ne ſeront pas ſeulement
comme autant de Bethléems autour de Paris, c'eſt à dire , ſelon
S. Hierôme , maiſons de pain , où *Epiſt.* 26.
ils trouveront la vie & la ſanté *ad Pamm.*
de leurs corps , mais encore com-
me autant d'écoles publiques , &
d'academies ſaintes & religieuſes,
où ils apprendront à vivre en
hommes raiſonnables , en bons
Citoyens , & en Chrétiens fideles.
Et quand je me repreſente ces quatre ou cinq aziles , ou maiſons de
paix autour de cette grande Ville,
la premiére idée qui me tombe
dans l'eſprit , eſt de les conſiderer comme autant de boulevarts
avancez , & de fortereſſes regu-

liéres, qui vous défendront, Messieurs , non feulement dans le
temps de guerre contre les inful-
tes des hommes , mais auffi dans
les temps de pefte & de famine
contre la colere de Dieu,& qui op-
poferont à la rigueur de fa juftice,
les œuvres de vôtre mifericorde,
& les priéres toutes-puiffantes ,
comme les apppelle vn Pere , de
tous ces miferables , que vous
aurez rendus doublement heu-
reux.

Mais ce fujet m'emporteroit
bien loin , fi je voulois vous dire
toutes les belles chofes qu'il me
pourroit fournir ; il me donne-
roit la matiére d'vn nouveau Pa-
negyrique , & il me faut finir.
Je referverai donc à vn plus illuftre Orateur la perfection de
cét ouvrage ; je me contente de
l'honneur de l'avoir ébauché ; il
me fuffit d'y avoir mis la premiére couche , vn autre y applique-
ra les vives couleurs, & les derniers linéamens. Je ne veux a-

joûter qu'vn petit trait à cette table d'attente, car il est temps de finir : Et je dis, MESSIEURS, que si Dieu promet de si grandes recompenses à ceux qui rompent vn morceau de pain à vn seul pauvre qu'ils rencontrent, que ne fera-t-il point en faveur de ceux, qui par vne providence genérale, font subsister de grands Hospitaux comme est celui-ci, & qui assistent tous les pauvres d'vne ville, ou plûtost d'vn Roiaume, qui portent leurs soins charitables jusques sur ceux qui ne font pas encore, & qui donnent à tous les misérables vn juste sujet de benir le malheur de leur naissance, ou la déroute de leur fortune, puisqu'ils y rencontrent le moien le plus assûré de leur salut ? Et par consequent quelle esperance ne devons - nous pas avoir de la recompense de Monsieur le Premier Président, qui a fait toutes ces choses ? Et qui nous peut empescher de conclu-

me sujet, en l'Hospital de la Pitié.

re avec le Prophete, *Gloria &*
divitiæ in domo ejus , & juſtitia
ejus manet in ſæculum ſæculi ; que
puiſqu'il a fait vn ſi bon vſage
de la gloire, & des richeſſes, ſa
juſtice en ſera éternellement re-
compenſée dans le Ciel ? Ouï,
Messieurs, quand même le
poiſon de la nature, qui eſt cor-
rompuë dans tous les hommes,
ſe ſeroit vn peu meſlé parmi tant
de graces & de ſi rares quali-
tez , il y auroit ſujet d'eſperer
que le feu de ſon incomparable
charité en auroit diſſipé toute la
force & la malignité.

Et ce qui doit encore mettre
le comble à noſtre conſolation,
c'eſt qu'vn Pere appelle les larmes des pauvres qui pleurent
leurs bienfaiteurs, *lachrymas re-*
demptrices , des larmes qui étei-
gnent le feu de Purgatoire. Un
autre dit, que les pauvres ſont
auprés de Dieu les Avocats de
ceux qui leur ont rendu juſtice,
& fait miſericorde. Saint Hie-

S. Paulin.
Epiſt. 33.

rôme dit nettement, qu'il ne fe fouvient point d'avoir jamais leû qu'vn homme charitable ait eû vne mort malheureufe. *Non me-* *mini legiffe me malâ morte mor-* *tuum, qui libenter opera charitatis exercuit.* Mais ce qui doit rendre toutes ces autoritez inviolables, c'eft que l'Ecriture fainte en mille endroits fait dépendre le falut éternel des riches, du fecours qu'ils donnent aux pauvres dans le temps : & nous avons vne infinité de textes formels, où Dieu promet qu'il exaucera les priéres des pauvres, qui demandent pour ceux qui les affiftent, vne immortalité glorieufe, comme ils demandent tous aujourd'hui, & nous auffi avec eux, pour Meffire POMPONE DE BELLIE'VRE.

Ad Nepotian.

F I N.

www.ingramcontent.com/pod-product-compliance
Lightning Source LLC
LaVergne TN
LVHW021143200726
843510LV00001B/236